CHAMBRE DES PAIRS,
CONSTITUÉE EN COUR DE JUSTICE.

Séance du samedi 31 janvier 1818,

Présidée par M. le Chancelier.

A une heure la Chambre des Pairs, constituée en Cour de justice par une délibération prise dans la séance législative de ce jour, ouvre sa séance judiciaire.

M. le Président retrace à l'Assemblée les faits qui ont rendu nécessaire sa formation en Cour de justice.

Par Ordonnance du 27 décembre dernier, le juge d'instruction au tribunal de première instance du département de la Seine s'est déclaré incompétent, aux termes de l'article XXXIV de la Charte constitutionnelle, pour connoître d'une plainte rendue, le 23, par la Dame veuve

1

de Saint-Morys, et tendante à établir contre un noble Pair, M. le Duc de Gramont, et contre MM. le Duc de Mouchy et le Comte de Poix, la prévention de complicité d'un homicide volontaire que, par deux plaintes précédentes, Madame de Saint-Morys annonce avoir été commis le 21 juillet dernier sur la personne de son mari, M. le Comte de Saint-Morys, par le sieur Barbier Dufay.

Le 5 du courant, ces différentes plaintes, ainsi que les pièces à l'appui et la procédure jusqu'alors instruite, ont été transmises à M. le Président par M. le Garde des Sceaux, Ministre de la justice.

M. le Garde des Sceaux a depuis adressé à M. le Président une Ordonnance du Roi, en date du 13 de ce mois, et qui, à l'occasion de cette affaire, nomme pour remplir les fonctions du Ministère public, auprès de la Chambre des Pairs constituée en Cour de justice, le Procureur-Général de Sa Majesté près la Cour royale de Paris, et pour remplir celles de Greffier, le Secrétaire-Archiviste de la Chambre.

En vertu de cette Ordonnance, dont il a été donné communication à la Chambre dans la séance du 15, M. le Président a transmis au Commissaire du Roi, chargé des fonctions du

Ministère public, toutes les pièces envoyées par M. le Garde des Sceaux. Il lui a pareillement transmis deux requêtes présentées par Madame de Saint-Morys, et par la Dame veuve de Gaude-chard sa fille, co-plaignante, les 8 et 31 du courant. La première de ces requêtes a pour objet d'obtenir la nomination d'un Commis-saire, pris dans le sein de l'Assemblée, pour donner suite à l'instruction; la seconde, en persistant dans la même demande, conclut subsidiairement à ce qu'il soit accordé aux plai-gnantes un délai d'un mois pour produire de nouvelles charges.

M. le Procureur-Général a fait connoître qu'il étoit prêt à faire son Rapport à la Cham-bre, et c'est pour entendre ce Rapport que la présente séance a été convoquée. Avant son au-dition, M. le Président croit devoir soumettre à l'Assemblée les observations suivantes : Au-cune Loi n'a encore déterminé les formes qui seroient suivies par la Chambre des Pairs dans l'exercice de la juridiction que lui attri-buent les articles XXXIII et XXXIV de la Charte, mais cette juridiction ne peut rester sans effet par le défaut d'une détermina-tion précise de ces formes. Il ne peut s'en-suivre que la Chambre, à l'égard des crimes dont la connoissance lui est attribuée, reste sans moyens de condamner ou d'absoudre. Elle a sans doute ceux de faire droit à une plainte dont un de ses Membres est l'objet. D'abord, il existe dans le Code d'instruction criminelle des règles générales de procédure qui, sans compromettre la dignité de la Chambre, peuvent s'approprier au jugement d'une affaire poursuivie devant elle. Ensuite la première affaire qu'elle a jugée a formé des *précédents* qui peuvent être consultés avec avantage. Celle-ci en formera de nouveaux, et de ces acquisitions successives résultera pour l'avenir un droit précieux, où la Chambre trouvera des règles de conduite applicables à chaque circonstance. Pour la mettre à portée d'en accroître le dépôt, M. le Président ajoute qu'il se fera un devoir d'appeler l'attention de l'Assemblée sur tout ce qui en paroîtra digne dans l'intérêt de la justice, de l'innocence et de la vérité.

Un premier objet qu'il s'agit de régler est la forme dans laquelle sera présenté le Rapport du Procureur-Général Commissaire du Roi. La Chambre ne verra sans doute aucun inconvénient à ce que, suivant l'usage précédemment observé, il soit entendu en séance. Elle desirera se mettre le plus promptement possible en relation avec le Ministère public établi auprès d'elle par Sa Majesté. M. le Président propose en conséquence de faire introduire de suite M. le Procureur-Général.

Un Membre demande que les portes de la salle demeurent ouvertes pendant le Rapport de M. le Procureur-Général, et pendant la délibération qui suivra.

M. le Président observe que cette demande est contraire aux dispositions du Code d'instruction criminelle. C'est à huis clos que le Rapport doit être fait, et que la Chambre doit y statuer.

L'Auteur de la proposition déclare qu'il la retire.

Un autre Membre soumet à la Chambre différentes observations sur l'objet et la nature de la délibération qui devra suivre le Rapport de M. le Procureur-Général.

Un troisième Opinant pense que l'Assemblée trouveroit des directions utiles dans le Projet de résolution adopté par elle en 1816, concernant l'exercice de ses attributions judiciaires. Il donne lecture des dispositions du titre II, relatives au mode de procéder.

Divers Membres observent qu'il paroît impossible de déterminer, avant le Rapport de M. le Procureur-Général, ce qui devra être fait par la Chambre en conséquence de ce Rapport. Il sera temps de proposer, après son audition, le parti qu'on jugera convenable.

M. le Président consulte la Chambre, et, d'après ses ordres, fait introduire le Procureur-Général Commissaire du Roi.

Ce Commissaire, introduit, se place dans le parquet, à la droite de la tribune, devant un bureau qui lui a été préparé.

Ayant obtenu la parole, il s'exprime en ces termes :

MESSIEURS,

Appelé pour la seconde fois par les bontés et par la confiance du Roi, à remplir près de cette Cour auguste les fonctions de Ministère public, cette fois du moins la jouissance de l'honneur que je reçois n'est altérée par le mélange d'aucun sentiment douloureux. Ce seroit un deuil en effet pour cette Cour, et permettez, Messieurs les Pairs, à mon respect pour cette noble institution d'ajouter, ce seroit un deuil pour moi, de venir vous dénoncer comme coupable d'un crime l'un de ces hommes illustres, qui, parcequ'ils sont les premiers de la natio

dans l'ordre politique, contractent envers elle
le devoir d'en être les modèles dans l'ordre
moral. Aussi ce malheur n'est point arrivé. Ce
n'est point votre sévérité, c'est votre justice
toute seule que je viens invoquer. La douleur
d'une veuve et d'une fille justement désolées
d'une perte immense, les a égarées. Au lieu de
concentrer leurs coups sur leur adversaire naturel, elles ont cherché des coupables là où
elles ne peuvent trouver que des cœurs aussi
pénétrés que les leurs à elles-mêmes du sentiment de leur infortune. Elles se sont trompées.
Mon devoir qui seroit de défendre à côté de
leur intérêt, l'intérêt de la société sans accep-
tion de personnes, si leurs plaintes étoient fon-
dées, est, pour l'intérêt de la société, de préser-
ver l'innocence des téméraires aggressions qui
la mettent en péril. Ce devoir sacré, je vais le
remplir en vous exposant dans le réquisitoire
que j'ai l'honneur de vous soumettre et dont
je vais donner lecture après le récit des faits,
les motifs sur lesquels je me fonde pour con-
clure qu'il n'y a lieu à suivre sur les plaintes
dirigées contre M. le duc de Gramont.

Ici M. le Procureur-Général donne lecture
du Réquisitoire suivant :

PARQUET DE LA COUR DES PAIRS.

—

RÉQUISITOIRE *du Commissaire du Roi près la Cour des Pairs.*

« Sur les plaintes rendues par Madame veuve de Saint-Morys, et Madame veuve de Gaudechard.

« Contre M. le Duc de Gramont, Pair de France, et autres.

« En homicide volontaire et en complicité d'homicide volontaire commis sur la personne du feu Comte de Saint-Morys.

« A Messieurs les Pairs de France réunis en Cour des Pairs.

« Le Conseiller d'État, Procureur-Général de Sa Majesté près la Cour royale de Paris, nommé, par Ordonnance du Roi du 13 janvier 1818, son Commissaire spécial pour remplir les fonctions du ministère public près la Cour des Pairs, sur les plaintes portées par la Dame veuve de Saint-Morys à l'occasion de la mort de son mari,

« A l'honneur d'exposer ce qui suit :

« Un bien douloureux événement a mis en deuil la famille du Comte de Saint-Morys, Lieutenant des gardes-du-corps du Roi, en la privant de son chef, tué en duel, suivant que l'assure la veuve de cet estimable officier, le 21 juillet dernier, par le sieur Barbier Dufay, Lieutenant-Colonel.

« Une longue mésintelligence régnoit entre M. de Saint-Morys et M. Barbier Dufay.

« Les causes en sont incertaines.

« L'existence et l'ancienneté n'en sont pas douteuses.

« M. Barbier Dufay avoit acquis nationalement la moitié de la terre et tout le château d'Houdainville, qui faisoient partie du patrimoine de M. de Saint-Morys. L'acquéreur habitoit ce château. L'autre moitié resta à Madame de Saint-Morys mère, pour sa part.

« A son retour d'émigration, M. de St.-Morys, après avoir obtenu sa radiation, vers l'an 10, vint s'établir à Houdainville même, dans des bâtiments de basse cour faisant partie du lot de Madame sa mère, et qu'il rendit propres, par quelques constructions, à devenir son habitation principale et celle de sa famille.

« On ne sauroit se dissimuler que, par la nature des choses, une telle résolution étoit malheureuse. Ce voisinage entre le propriétaire nouveau, enclin à trouver dans la présence même de l'ancien propriétaire une sorte de reproche vivant de sa possession, et l'ancien propriétaire

qui, quelque résigné qu'il fût, ne pouvoit pas
ne pas regretter souvent d'avoir perdu la pro-
priété des beaux lieux qui virent élever sa
jeunesse, devoit amener des chocs d'intérêts,
des querelles de droits et de propriétés, et, plus
que tout cela, des occasions d'entretenir de
mauvaises dispositions, qui n'étoient guère
propres à faire mener à l'un ni à l'autre une
vie douce et tranquille.

« Aussi l'instruction nous apprend-elle qu'il y
eut entre ces deux propriétaires beaucoup de
tracasseries.

« En l'an 10, M. de Saint-Morys fit une ma-
ladie grave. A tort ou à raison, il imagina que
la cause pouvoit en être attribuée aux eaux
mortes des étangs de M. Dufay : le Sous-Préfet
reçut des plaintes. Il ordonna même de curer
les étangs aux dépens de M. Dufay ; et quoique
cet arrêté ne reçût pas d'exécution, il ne mit
pas les deux voisins mieux ensemble.

« On voit que, dès l'an 12, ils étoient déja
profondément ulcérés l'un contre l'autre : car
un témoin qui a été entendu, M. l'abbé Deny,
ami de la famille de Saint-Morys, a déposé
qu'à une époque qui a précédé le procès du
général Moreau, M. Dufay parloit dès-lors de
se battre contre M. le Comte de Saint-Morys,

et que ce dernier ayant même été mis en pri-
son à l'occasion de ce procès, M. Dufay offrit
de lui faire rendre la liberté à condition de se
battre immédiatement. On peut croire qu'un
ecclésiastique ne transmit pas cette proposition
à son ami. Elle reste toutefois pour prouver
que dès ce temps les esprits étoient fort aigris.

« Depuis ils ne se rapprochèrent pas.

« Une limite dépassée, un arbre coupé, des
dégâts faits par des animaux, des prétentions
opposées sur les mêmes propriétés, alimentèrent
l'irritabilité des deux voisins.

« La restauration les trouva dans cet état, et
ils n'eurent pas le bonheur qu'elle l'améliorât.
D'un côté, M. de Saint-Morys devint Maire
d'Houdainville ; cela déplut à M. Dufay qui de-
sira faire changer ce Maire. Il argumenta de
l'incompatibilité qui, selon lui, existoit entre
cette fonction et le grade de lieutenant que rem-
plissoit M. le Comte de Saint-Morys dans la
compagnie des Gardes-du-Corps de Noailles
dont M. le Duc de Mouchy est le capitaine.
D'un autre côté, M. Dufay, officier à demi-
solde, fut mis en surveillance par le Sous-Préfet en 1816. Il ne manqua pas de penser que
M. de Saint-Morys étoit l'auteur de cette dis-
grace. De charitables oisifs de coteries diffé-

rentes, eurent grand soin de colporter de l'un
à l'autre des discours vrais ou supposés, des in-
discrétions d'espérance ou d'animosité, de pré-
tendues injures enfin. L'aigreur en vint au point
que, vers la fin de 1816, M. Dufay, si l'on en
croit quelques témoins, ne cessoit de renouve-
ler ses imprécations, et son vœu de se battre à
mort contre M. de Saint-Morys.

« Ces tristes dispositions reçurent le plus grand
éclat par la profusion avec laquelle fut répan-
due une lettre imprimée de M. Dufay à M. de
Saint-Morys, dans laquelle le premier mena-
çoit le second *de lui couper la figure à coups
de fouet.* Cette lettre fut publiée sous la date
du 18 avril, mais non effectivement distribuée
à cette époque, et elle ne le fut que dans les premiers jours de juin. Un post-scriptum du 2 juin
suppose qu'elle étoit restée sans le genre de réponse qu'on ne voit que trop qu'elle provoquoit,
et que c'étoit parcequ'on n'y avoit pas répondu
que M. Dufay la publioit, pour forcer son cor-
respondant à ne pas garder plus long-temps le
silence. Madame de Saint-Morys dément haut-
tement cette supposition. Elle affirme que son
mari n'a jamais connu la lettre avant qu'elle
fût imprimée et qu'elle ne lui fut révélée que

par l'envoi que lui fit M. Dufay, le 4 juin au soir, d'un exemplaire.

« Quoi qu'il en soit, dès le 5, M. de Saint-Morys va porter cet imprimé chez le chef de sa compagnie, et il écrit le même jour à M. Dufay qu'il se rendra chez lui, le lendemain 6, à huit heures du matin.

« Il s'y rend, en effet, avec d'honorables témoins. Il demande satisfaction. M. Dufay, de son propre aveu, s'obstine à n'en pas offrir d'autre que celle d'un combat dans lequel, des deux pistolets distribués par le sort aux deux adversaires, il n'y en aura qu'un de chargé dont celui à qui il écherra se servira à bout portant contre l'autre. Après une longue contestation, M. le Comte de Saint-Morys accepte. On prend rendez-vous à six heures du soir. M. le Duc de Mouchy, à qui on rend compte de cet engagement, le blâme hautement. Il défend à M. de Saint-Morys d'accepter un combat qui blesse tous les usages militaires. M. de Saint-Morys offre alors à son ennemi, par une lettre écrite et portée à l'instant, lettre même dont Madame de Saint-Morys assure que la minute est de la main de M. le Duc de Mouchy, tout autre combat usité soit au pistolet, soit à l'épée.

M. Dufay ne veut entendre à rien. Le genre de combat par lui déterminé est le seul auquel il consente : et, pour punir M. de Saint-Morys de ce qu'il appelle son manquement de parole, il fait imprimer et publier sous la date du 6 juin une seconde lettre à M. de Saint-Morys, remplie d'injures et d'outrages.

« C'est ici que commence proprement l'ordre de faits qui devient plus particulièrement digne de l'attention de la Cour des Pairs, parcequ'on y va voir figurer un nom dont l'apparition dans l'instruction, par le privilége constitutionnel qui y est attaché, a rendu nécessaire la convocation de la Cour.

« En entrant dans cette partie du récit, le Commissaire du Roi doit avoir l'honneur de faire observer à la Cour qu'il suivra pas à pas les assertions de Madame de Saint-Morys, qu'il n'en approfondira aucune, qu'il les prendra toutes pour vraies, sans lui rien contester que les conséquences qu'elle en tire, si par hasard elles ne sont pas justes. Ainsi le veut la résolution que lui imposent la raison et la justice, résolution qu'il annonce dès ce moment de proposer à la Cour de décider, sans instruction ultérieure, qu'il n'y a lieu à suivre sur une plainte

qui, alors qu'on la croiroit dans tous ses détails,
ne présente ni crime ni délit.

« Madame de Saint-Morys assure donc que
son mari communiqua cette deuxième lettre
imprimée à M. le Duc de Mouchy, qui répondit que, si, après une tentative que M. de Saint-
Morys feroit encore sur M. Dufay pour en arracher une réparation par la voie ordinaire,
celui-ci s'y refusoit, tout seroit dit.

« Selon cette Dame, quatre jours après, le 10
juin, M. le Duc de Mouchy rassembla les trois
capitaines des trois autres compagnies des Gardes-du-Corps, dont l'un est, comme tout le
monde le sait, M. le Duc de Gramont, contre qui
madame de Saint-Morys a fini par rendre la
plainte, objet de la réunion de la Cour. Il leur
rendit compte des faits. Les trois honorables
capitaines furent de l'avis de M. le Duc de Mouchy, approuvèrent la conduite de M. de Saint-
Morys et crurent qu'il suffisoit à celui-ci de
faire une dernière tentative.

« Même avis hautement professé par M. le Duc
de Mouchy, dans une assemblée qu'il convo-
qua le 14 juin, d'abord des officiers supérieurs,
puis des officiers inférieurs de la compagnie
de Noailles ; même adhésion de tous ces officiers à l'avis de leur capitaine.

« Pendant ces diverses conférences, qui prouvent le soin délicat qu'apportoit M. le Duc de Mouchy à concilier tout ce qu'il devoit d'égards à l'honneur de son corps avec son amitié pour M. de Saint-Morys, ce dernier avoit tenté un effort encore pour déterminer M. Dufay à se battre comme tout le monde. M. Dufay, ébranlé, avoit, dit-on, promis de se battre comme le décideroient les témoins. Rendez-vous avoit été pris au 16. Madame de Saint-Morys assure que le 16 M. Dufay se rétracta, qu'on vint l'apprendre à M. le Duc de Mouchy, qui répondit : *C'est bien, je suis satisfait.*

« Toutefois, si l'on en croit Madame de Saint-Morys, peu d'heures après, M. le duc de Mouchy avoit changé d'avis. Il ne trouvoit plus que, ni l'honneur du corps, ni l'honneur personnel de M. de Saint-Morys fussent satisfaits. Il pensoit qu'il falloit absolument prendre des moyens plus énergiques de forcer M. Dufay à tirer l'épée et à faire la réparation ; et il sembloit si convaincu de cette nécessité, sous peine de flétrissure pour le corps et pour l'individu, qu'il déclara à M. de Saint-Morys qu'il ne pouvoit pas reprendre son service, avant qu'il eût forcé M. Dufay à laver l'injure qu'il en avoit reçue, et qu'il falloit aller, si cela étoit nécessaire, jusqu'à donner à M. Dufay des coups de bâton.

« M. de Saint-Morys écrivit deux lettres les 16 et 17 juin à M. de Mouchy, pour le prier de révoquer l'ordre qui lui défendoit de faire son service. M. de Mouchy répondit qu'il n'y changeroit rien, que M. de Saint-Morys n'eût fait ce qui devoit être fait.

« Alors M. de Saint-Morys demanda à son chef un ordre par écrit ; et M. de Mouchy finit par adresser à cet officier un congé jusqu'à la terminaison des affaires qu'il avoit à finir.

« M. de Saint-Morys revint à Houdainville. Il fit une tentative nouvelle, en présence de témoins, pour contraindre M. Dufay à lui donner satisfaction : M. Dufay refusa de rien faire autre chose que ce qu'il avoit toujours offert.

« Douleur et désespoir de M. de Saint-Morys.

« Il retourne à Saint-Cloud.

« Il déclare qu'à tout prix il va reprendre son service.

« M. de Mouchy s'y oppose.

« M. le Duc de Gramont survient, assure Madame de Saint-Morys. Il se joint à M. de Mouchy pour faire comprendre à M. de Saint-Morys que l'honneur du corps s'y oppose, et dit que s'il n'y a que ce moyen de forcer M. Dufay à laver dans le sang l'affront qu'il a fait à un Officier des Gardes-du-Corps, il faut même lui donner des coups de bâton.

« M. de Saint-Morys se débattit encore, on le voit par une lettre du 27 juin qu'il écrivit aux deux Ducs, contre cette détermination.

« M. de Mouchy récrivit à M. de Saint Morys une lettre le 28, où il persistoit dans son opinion et dans son ordre.

« M. le Duc de Gramont ne répondit rien.

« M. de Saint-Morys ne s'arrête ni à cette lettre ni à ce silence. Pour vaincre les refus de ses chefs, il imagine de partir à la tête de l'escadron qu'il devoit commander pour le service de St-Cloud. Pendant qu'il est en route, sa femme et sa fille vont jusqu'à M. le Duc de Mouchy pour lui annoncer cette résolution. Courroucé d'un tel acte d'insubordination, M. le Duc de Mouchy s'écrie que M. de Saint-Morys se perd. Il emmène ces deux Dames chez M. le Duc de Gramont qui est du même avis. Tous deux insistent sur la nécessité de forcer M. Dufay à se battre. Ils n'insistent plus sur la voie indiqué de l'y contraindre, fût-ce en lui donnant des coups de bâton, et ils se rendent à l'avis de Madame de Saint-Morys, qui leur rappelle que M. de Saint-Morys ira jusqu'à lui balafrer la figure à coups de plat d'épée, si cela est nécessaire. A ces conditions, les deux chefs promettent de prendre en main la cause de M. de Saint-Morys; mais pour le moment, il ne sauroit faire son service. Les Dames vont reporter ces paroles au Comte de Saint-Morys. Il abandonne son projet de servir en dépit de leurs ordres. Il se retire et va choisir deux témoins. L'un de ces témoins étoit M. de Cherizey. M. le Duc de Gramont donne un congé à cet officier. Le 2 juillet, M. de Saint-Morys se rend à Houdainville avec ses deux témoins. Nouvelles provocations, même violentes, à M. Dufay pour le contraindre à se battre. Nouveau refus de ce dernier de se battre autrement que comme il l'a dit.

« M. de Saint-Morys rend compte de ce qui s'est passé aux deux Ducs. Ceux-ci persistent à croire que tant que l'épée n'a pas été tirée, ou une réparation authentique quelconque obtenue, M. de Saint-Morys ne peut reprendre son service. M. le Duc de Mouchy écrit dans ce sens à M. de Saint-Morys. M. le Duc de Gramont lui écrit aussi en se référant à l'avis du Duc de Mouchy : et sur la demande que fait à ce dernier

M. le Comte de Saint-Morys, de lui donner des explications, M. le Duc de Mouchy répond qu'il n'en a aucune à donner.

« Jusqu'ici le récit de Madame la Comtesse de Saint-Morys est appuyé plus ou moins sur quelques lettres des deux Ducs, avec lesquelles en effet il s'accorde. Tout ce qui va suivre n'a plus d'autre garantie que la parole de la plaignante.

« Sur ces entrefaites, il fut rapporté à Madame de Saint-Morys que, toujours effrayé des suites d'opinion que l'affaire de M. de Saint-Morys pouvoit faire rejaillir sur le corps, M. le Duc de Mouchy doutoit s'il ne devoit pas réunir MM. les lieutenants de sa compagnie pour aviser au parti qu'il convenoit de prendre dans le but de détourner de la compagnie toute espèce de reproche capable de compromettre son honneur.

« Alors M. de Saint-Morys présente un mémoire à MM. les Maréchaux de France, pour avoir leur décision sur sa conduite. Quatre de ces éminents Officiers répondent : ce sont M. le Duc de Valmy, M. le Comte Jourdan, M. le Prince d'Eckmulh et M. le Maréchal Lefévre. Ils sont d'avis que M. de Saint-Morys est quitte envers l'honneur, et qu'il peut désormais at-

tendre que son adversaire veuille se battre comme tout le monde.

« Il envoie cet avis à M. le Duc de Mouchy.

« Ce Seigneur lui répond, par écrit, que dans
son opinion, ainsi que dans celle de M. le Duc
de Gramont, ce n'est point à eux, mais à
M. Dufay que la décision de MM. les Maréchaux
de France doit être adressée.

« Cependant, et le 18 juillet, le bruit se ré-
pand que MM. les Lieutenants des Gardes-du-
Corps se réunissent chez M. le Major-général.
Madame de Saint-Morys l'apprend. Elle s'en ef-
fraie. Elle cherche à savoir quel est leur avis.
On lui dit qu'il en existe un; mais cet avis n'est
pas connu; il ne transpire même pas. Elle en
écrit en toute hâte à son mari qui étoit absent.
Sur ces lettres, son mari accourt de Clermont
en Beauvoisis, où il étoit. Il s'abouche, le 19
juillet, en arrivant, avec M. le Comte de Poix.
Madame de Saint-Morys assure que dans cette
conversation, M. le Comte de Poix, selon que
son mari le lui a dit, lui fit connoître que les
Lieutenants avoient pensé qu'il convenoit que
M. de Saint-Morys envoyât à son antagoniste la
décision de MM. les Maréchaux, en le menaçant
de tout publier s'il ne se rendoit pas; et qu'après
cette démarche, suivie ou non d'une satisfac-

tion, tout seroit terminé. Ce qu'il y a de sûr, c'est qu'à la suite de cette conversation, M. de Saint-Morys écrivit à M. Dufay une lettre dans laquelle il le menaça à son tour de publier, avec la décision de MM. les Maréchaux de France, tout ce qui s'est passé entre eux, s'il ne se décidoit pas à se battre.

« Le 20 juillet, toujours si l'on en croit Madame de Saint-Morys, M. Dufay répond qu'il accepte de se battre, pourvu que le résultat du combat soit tel que l'auroit produit le mode par lui proposé, c'est-à-dire un combat à mort.

» Le lendemain, 21, il vient déposer chez le portier de M. le Comte de Saint-Morys un autre billet dans lequel il donne un rendez-vous pour le soir, en invitant M. le Comte de Poix et tous les autres témoins, à se trouver entre deux et trois heures de l'après-dînée dans la grande allée des Tuileries. Des six témoins qu'on indique comme ayant assisté au duel, et qui sont M. le Comte de Poix, M. le Lieutenant-général Pajot, M. le Colonel Schneidt, M. le Colonel Lesourd, M. le Maréchal de Camp Berton et M. le Chevalier de la Béraudière, les cinq premiers disent qu'il fut convenu que les deux adversaires se battroient au pistolet, puis, s'ils ne s'étoient pas atteints au pistolet, à l'épée. M. de la Béraudière n'a pas déposé de cet accord. Tous, au reste, nient qu'il y ait eu convention que le duel seroit à mort. Madame la Comtesse de Saint-Morys affirme le contraire, et c'est même dans ce fait affirmé par elle qu'elle puise l'un des motifs pour lesquels, en dernier lieu, elle a rendu plainte aussi en complicité d'homicide contre M. le Comte de Poix, comme coupable d'avoir autorisé ce combat, et même déterminé, si l'on ajoute foi aux conjectures qu'elle cherche à établir, M. Dufay à l'accepter enfin, en renonçant à son premier mode. Elle ajoute qu'un Aide-de-camp de M. le Duc de Gramont connoissoit M. Dufay, que ce dernier, par cet Aide-de-camp a obtenu accès près de ce chef, qu'il s'est plaint à lui de ce que M. de Saint-Morys refusoit de se battre au pistolet, que M. le Duc de Gramont le calma et lui dit que M. de Saint-Morys accepteroit tout combat usité, et qu'il n'avoit qu'à voir M. le Comte de Poix. Madame la Comtesse de Saint-Morys accuse de plus M. le Comte de Poix d'avoir supposé la prétendue réunion et le prétendu avis des Lieutenants pour déterminer M. de Saint-Morys à prendre tous les moyens de se battre.

« Quoi qu'il en soit, le 21 juillet, à six heures du soir, le funeste rendez-vous eut lieu, continue de dire Madame de Saint-Morys. Tout, si on en croit l'instruction, et l'on ne voit, il faut en convenir, nulle raison d'en douter, se passa selon les lois de l'honneur et de la loyauté. Le malheureux M. de Saint-Morys resta sur le champ de bataille.

« Madame de Saint-Morys a d'abord rendu plainte contre M. Dufay, en assassinat prémédité.

« Depuis elle a porté contre ce même adversaire une plainte dans laquelle la qualification du crime a varié. Elle s'est bornée à dire que c'étoit un meurtre volontaire. Enfin, par un dernier acte du 23 décembre 1817, elle a rendu plainte, en complicité d'homicide, contre M. le Duc de Mouchy, M. le Duc de Gramont et M. le Comte de Poix.

« L'honneur qu'a M. le Duc de Gramont d'appartenir à la Pairie, a fermé à cette affaire, tant que l'autorité de la Cour des Pairs n'aura pas rejeté la plainte portée contre lui, les tribunaux communs.

« Une décision du Juge d'instruction a ordonné que toutes les pièces seroient adressées à M. le Garde des Sceaux, pour être transmises à la Cour des Pairs.

« Cette transmission s'est exécutée.

« Une Ordonnance de S. M., en date du 13 janvier 1818, a fait à l'Exposant l'honneur de le nommer son Commissaire pour exercer, dans cette déplorable affaire, le ministère public près la Cour des Pairs.

« Depuis cette Ordonnance, Madame veuve de Gaudechard, fille unique de M. de Saint-Morys, s'est jointe à Madame sa mère pour se constituer plaignante et partie civile. L'intervention de cette Dame ne change rien ni à la nature ni aux évidences du procès.

« C'est dans cet état que l'affaire se présente.

« Si la Cour, après avoir examiné la plainte et l'instruction, estime dans sa sagesse qu'il y a lieu à plainte, à instruction, et ensuite à accusation contre le noble Pair qui lui est dénoncé, il est hors de doute qu'en jugeant ensuite au fond, elle devra confondre dans son arrêt les destinées de tous les accusés; le bon sens et la nécessité des choses le veulent ainsi. Ce n'est pas, au reste, une thèse qu'il soit heureusement indispensable de développer encore.

« Mais il est également non douteux que si, après avoir examiné la plainte telle qu'elle est composée, la Cour n'y voit pas d'acte qu'on puisse qualifier, soit crime, soit délit; ou bien si après avoir examiné l'instruction qu'elle croi-

roit trouver dans la plainte des motifs d'ordon-
ner, la Cour n'y voit pas de matière à prononcer la mise en accusation du privilégié, la Cour
n'a nullement à s'occuper des autres inculpés,
et qu'elle doit les délaisser, sans préjugé, aux
formes et aux Tribunaux ordinaires.

« De là il suit que, dans l'opinion du Commissaire spécial du Roi, le premier devoir qui
lui est imposé, comme le premier soin qui doit
occuper la Cour des Pairs, est d'apprécier les
faits exprimés dans la plainte à la charge du
noble Pair, afin que, quelle que fût la culpabilité des autres dénoncés, elle put se dessaisir
de l'affaire en en faisant sortir M. le Duc de
Gramont, si sa conduite est sans reproche.

« Ce devoir, le Commissaire spécial va le
remplir.

« Il ne discutera donc aucun des faits que la
plainte énumère à la charge du Colonel Dufay;
et plus ces faits seroient odieux, s'ils étoient
vrais, plus il s'applaudiroit de n'avoir pas à
affliger la Cour des Pairs de leur discussion.

« Il n'examinera pas davantage les faits d'un
tout autre genre, il est vrai, mais dont pour-
tant la plainte tire autant de sujets d'accusation
de complicité d'homicide contre M. le Duc de
Mouchy et M. le Comte de Poix. Quoique cette

discussion fût loin d'être aussi pénible que la première, et qu'il soit permis de présupposer qu'elle n'auroit rien qui dût mener à la conviction que les deux estimables inculpés qu'elle concerneroit eussent manqué, en cette occasion, plus qu'en aucune autre de leur vie, aux sentiments de l'humanité ni aux lois de l'honneur, qui, jusqu'à ce moment, furent leur inviolable règle, elle seroit tout-à-fait superflue.

« Le Colonel Dufay peut avoir commis un crime.

« Le Duc de Mouchy et le Comte de Poix peuvent avoir commis des imprudences. Forçons les suppositions. Ils peuvent avoir méconnu la voix de l'amitié, la voix de l'humanité, la voix des lois. Toutes les fautes sont personnelles; et si la conduite de M. le Duc de Gramont, considérée isolément, ne présente aucun caractère qui force le noble Pair à en répondre aux lois, la conduite de ceux que Madame de Saint-Morys a d'ailleurs jugé à propos de comprendre dans ses accusations, ne fait rien à la sienne. C'est la sienne seule qui est soumise à l'examen et au jugement préliminaire de la Cour des Pairs.

« Le Commissaire spécial du Roi ne va s'occuper que d'elle.

« Dans les récits des plaintes diverses, il n'est pas question de M. le Duc de Gramont avant le 10 juin. C'est le 10 juin qu'il est mêlé, pour la première fois, aux débats de M. de Saint-Morys avec M. Dufay. Ce jour, M. le Duc de Mouchy rassemble les trois autres Capitaines des gardes-du-corps, pour leur rendre compte de la position délicate dans laquelle se trouve un Officier appartenant à la Maison militaire du Roi, et qui a été outragé publiquement, dans deux lettres imprimées et répandues avec profusion. M. le Duc de Mouchy est d'avis que cet Officier ne peut se dispenser de laver ces outrages dans le sang. M. le Duc de Gramont est de cet avis.

« Les jours qui suivent, M. de Saint-Morys fait tous ses efforts pour déterminer M. Dufay à se battre autrement qu'au combat proposé. Ses efforts n'amènent aucun résultat. M. le Duc de Mouchy suspend M. de Saint-Morys de son service, tant que la réparation n'aura pas eu lieu. M. de Saint-Morys vient le 26 à St.-Cloud déclarer à ce Capitaine qu'il n'y peut rien de plus et qu'il veut reprendre ce service. M. le Duc de Mouchy le lui défend. M. le Duc de Gramont se joint à M. le duc de Mouchy pour exprimer à M. le Comte de Saint-Morys son opinion que l'honneur du corps ne le permet

pas, et qu'il faut aller jusqu'à donner, si cela
est nécessaire, des coups de bâton à son adversaire, pour le déterminer à faire réparation par
les voies ordinaires.

« Le 3o juin, M. de Saint-Morys ne s'en obstine
pas moins à vouloir reprendre son service : et
en effet il se rend à Saint-Cloud à la tête de son
escadron. M. le Duc de Mouchy improuve hautement cette conduite. La femme et la fille de
M. de Saint-Morys se rendent chez lui pour lui
faire quitter sa résolution. M. de Mouchy assure
qu'il ne souffrira pas cet acte d'indiscipline. Il
conduit les deux Dames chez M. le Duc de Gramont. M. le Duc de Gramont est de son avis.
Tous deux pensent que l'honneur du corps et
celui de M. de Saint-Morys restent entachés s'il
n'arrache pas une réparation à M. Dufay, fût-ce,
non plus en lui donnant des coups de bâton,
mais en lui balafrant la figure.

« M. de Saint-Morys choisit pour l'un des témoins, en présence desquels il veut aller demander réparation à M. Dufay, M. de Cheriscy.
M. le Duc de Gramont donne un congé à cet
officier.

« Ces nouveaux efforts de M. de Saint-Morys
n'ont pas plus de succès que les précédents. Il
rend compte de leur résultat à M. le Duc de

Mouchy et à M. le Duc de Gramont. Il leur demande de reprendre son service. Tous deux sont d'avis que la réparation n'ayant pas eu lieu encore, le service ne peut être repris. C'est ce qu'exprime une lettre de M. le Duc de Mouchy, sous la date du 7 juillet. Dans une lettre du même jour, M. le Duc de Gramont s'en réfère à la lettre de M. le Duc de Mouchy.

« Depuis lors, M. le Duc de Gramont ne parle plus, n'écrit plus, n'agit plus. Il ne paroît plus même dans les récits de Madame la Comtesse de Saint-Morys, que le 21 juillet, jour où cette Dame assure que le Colonel Dufay alla se plaindre à M. le Duc de Gramont de ce que M. de Saint-Morys refusoit de se battre au pistolet, et que M. le Duc de Gramont calma cet Officier, en l'assurant que M. de Saint Morys ne persisteroit pas dans son refus.

« Voilà les faits, tous les faits à la charge de M. le Duc de Gramont dans les plaintes. Les voilà tels qu'ils sont, dégagés seulement de toutes les argumentations et conjectures par lesquelles on a cherché à les envenimer.

« A présent que ces faits sont réunis en masse, et qu'il s'agit d'en extraire ce qu'ils peuvent offrir de criminel ou de répréhensible, le Commissaire spécial du Roi ne craint point de dire

qu'il suffit de cet instinct de justice naturelle et
de vérité qui ne trompe jamais, pour rester convaincu qu'il n'y a pas matière à accusation.

« En recherchant avec conscience et sincérité
l'esprit et les intentions qu'a portés M. le Duc
de Gramont dans cette pénible contention de
l'honneur militaire aux prises avec un préjugé
cruel, mais dont l'existence ne sauroit être niée
de bonne-foi, on voit un officier général jaloux
de la gloire de son corps, effrayé des mauvaises interprétations que pourroient donner la
malignité ou l'envie à la tolérance débonnaire
avec laquelle le corps auroit souffert dans ses
rangs un membre outragé publiquement outre
mesure, et qui n'apporteroit pour réparation
de l'outrage que des protestations d'avoir tout
tenté sans succès pour obtenir une réparation
toujours refusée; convaincu que ces protestations ne suffisoient pas pour faire taire les mal-
veillants, dans la position sur-tout d'un corps
nouveau qui, bien que formé d'individus éprou-
vés et pleins de courage, n'avoit pas encore eu,
comme corps, les occasions de se composer ces
traditions de vieille bravoure cent fois mise à
l'épreuve, et de hauts faits avec lesquels des
corps anciens peuvent facilement repousser les
jugements injustes; frappé enfin de l'indispen-

sable nécessité, pour ce membre si malheureusement outragé, de réfuter, non pas par des explications sur lesquelles les mauvais esprits peuvent gloser, mais par un fait matériel et dont il n'y ait pas de perfide interprétation possible, le doute injurieux que la malveillance pouvoit élever sur le corps et sur ses membres.

« Cette opinion, qu'a évidemment conçue M. le Duc de Gramont sur le devoir de M. de Saint-Morys d'arracher à son adversaire, à tout prix, et fût-ce au prix d'un duel, la réparation d'un outrage aussi public, et la conduite qu'il a tenue dans cette opinion, ont-elles constitué un crime et une complicité d'homicide en présence de la Loi?

« La raison, la conscience, répondent que non.

« La conscience et la raison disent que M. de Gramont obéissoit, en gémissant, aux loix de la fatalité; qu'il décidoit pour M. de Saint-Morys comme il auroit décidé pour lui-même, pour son meilleur ami, pour son fils unique; qu'il agissoit dans le sens, non d'aucune inimitié pour M. de Saint-Morys, non d'aucune volonté de faire du mal ni à lui ni à personne, mais dans le sens de l'intérêt qu'il prenoit à l'honneur même de M. de Saint-Morys, et sur-

tout à l'honneur de son corps; mais dans un sys-
tême d'obéissance passive à des notions d'une
délicatesse extrême, qui n'admettoient, suivant
lui, ni résistance directe à ce qu'elles prescri-
vent impérieusement, ni moyens indirects de
les éluder. M. le Duc de Gramont n'étoit ni un
meurtrier ni un complice de meurtre. Il étoit
un soldat pénétré des devoirs et des préjugés de
son état, persuadé, comme le sont tous les militaires, que des outrages publics ne s'effacent
que par une réparation solennelle et spontanée,
ou par le sang, et préférant, pour lui et pour
ses propres amis, la mort même, les armes à la
main, à l'infamie de dévorer un affront.

« M. le Duc de Gramont se trompoit-il dans
cette opinion? Lui étoit-il permis de préférer
les Lois non écrites de l'honneur, aux Lois po-
sitives de son pays qui défendent toutes violences? Pouvoit-il être d'avis de recourir à la
voie du duel, lorsqu'après tout, la mort d'un
des combattants arrivée dans un duel est
rangée par notre législation dans la classe des
homicides volontaires?

« A Dieu ne plaise que dans ce premier et ce
plus éminent des sanctuaires de la justice, et
dans cet auguste Sénat qui, honoré par la
Charte d'une réunion de pouvoirs, dont elle

n'offre pas d'autre exemple, est appelé, tout à-la-fois, à former et à faire respecter les Lois, le Commissaire spécial du Roi vienne tenir un langage indigne d'elles, en applaudissant à des pensées que leur morale réprouve, bien que leurs dispositions ne les atteignent pas.

« M. le Duc de Gramont, si l'on en croit la plainte, paroîtroit avoir été d'avis d'un duel. Si le fait est vrai, le devoir du Ministère public est de désapprouver hautement cet avis, et il le désapprouve. Ceux qui se laissent entraîner à ces inspirations trompeuses d'un honneur factice oublient des principes bien autrement sacrés que ceux qu'a créés la légèreté mondaine. Ils oublient l'intérêt de la patrie, qui leur crie que le sang versé sur le champ du duel auroit un jour coulé plus noblement et plus utilement pour elle sur le champ de bataille. Ils oublient leurs devoirs envers la famille, du bonheur et des destinées de laquelle dispose injustement le chef qui lui enlève son protecteur et son soutien, par déférence pour un préjugé sanguinaire. Ils violent les préceptes de la religion, qui a horreur de ces sacrifices de victimes humaines, offerts par l'orgueil à la féroce idole du point d'honneur. Ils blessent enfin l'esprit de nos Lois qui défendent à qui que ce soit de se rendre justice à soi-même et d'exercer des violences.

« Mais ce n'est point de ces blâmes de la sagesse, de la morale et de la religion qu'il s'agit en ce moment. Il s'agit de voir s'il existe, dans la législation françoise actuelle, quelque disposition qui érige en crime l'opinion qu'un militaire ne peut se dispenser de se battre en duel pour se laver d'un outrage, et le conseil fortement prononcé d'un chef de corps, que son subordonné fléchisse sous cette nécessité.

« Or il n'y en a plus aucune.

« Les Lois de Louis XIV sur les duels, sur ceux qui les provoquoient, ceux qui les assistoient, les ordonnoient ou les autorisoient, ne subsistent plus. Elles ont été abrogées par la Loi du 6 octobre 1791. Si elles ne l'eussent pas été par cette Loi, elles l'auroient été par le dernier Code pénal.

« Quelques esprits ont paru douter de ce point; pour dissiper ces doutes il suffit de lire l'article final de la Loi du 6 octobre 1791.

« Il est ainsi conçu :

« Pour tout fait antérieur à la publication du
« présent Code, si le fait est qualifié crime par
« les Lois actuellement existantes, et qu'il ne le
« soit pas par le présent décret; ou si le fait est

« qualifié crime par le présent Code et qu'il ne
« le soit pas par les Lois anciennes, l'accusé
« sera acquitté, sauf à être correctionnellement
« puni s'il y échoit. »

« En appliquant cette disposition au duel, il
est évident que cet acte a cessé d'être un crime
spécial, puisque son nom ne se trouve pas même
prononcé dans la Loi. Il est retombé dans la
classe des homicides volontaires, pour ceux qui
ont concouru à l'action matérielle du combat.

« Il est si vrai que le crime du duel proprement dit a été effacé par la Loi du 6 octobre
de la nomenclature des actions donnant ouver-
ture aux poursuites spéciales déterminées par
les Lois précédentes, que, sur un référé du tribunal criminel de Seine-et-Oise qui hésitoit à
poursuivre une provocation au duel, et sur le
rapport qu'en fit à la Convention le Comité de
législation, fut porté, le 29 messidor an 2, le
Décret suivant:

« La Convention nationale, après avoir en-
« tendu le rapport de son Comité de législation
« sur le jugement de référé du tribunal criminel
« du département de Seine-et-Oise, présentant
« la question si les dispositions de l'article 11
« de la quatrième section du Code pénal mili-
« taire doivent s'appliquer à la provocation au

« duel par le militaire inférieur envers son su-
« périeur, hors le cas du service ; considérant
« que l'application de la Loi doit être restreinte
« au cas qu'elle a prévu, et que l'article cité ne
« contient ni sens ni expression qui s'appli-
« que à la provocation au duel, décrète qu'il
« n'y a pas lieu à délibérer. Renvoie à sa Com-
« mission du recensement et de la rédaction
« complète des Lois, pour examiner et proposer
« les moyens d'empêcher les duels, et la peine
« à infliger à ceux qui s'en rendroient coupables
« ou qui le provoqueroient. »

« La Commission à laquelle ce décret ren-
voyoit l'examen de la question de savoir si et
comment le duel devroit être puni à l'avenir,
n'a fait sur cette question aucun rapport; et
les choses sont, à cet égard, demeurées dans le
même état où elles étoient à l'époque de ce
Décret.

« La prudence du législateur est restée dans
les mêmes termes, lors de la confection du dernier Code pénal. C'est avec intention que le mot
de duel n'y a pas été prononcé plus que dans
le précédent, et cette intention est ouvertement
developpée dans le Rapport que fit l'orateur
de la Loi, en la présentant au corps législatif.
Il s'y exprime en ces termes :

« Vous vous demandez peut-être, Messieurs,
« disoit l'orateur, pourquoi les auteurs du projet
« de Loi n'ont pas désigné particulièrement un
« attentat aux personnes, trop malheureusement
« connu sous le nom de *duel*? c'est qu'il se
« trouve compris dans les dispositions générales
« qui vous sont soumises. Nos Rois, en créant
« des juges d'exception pour ce crime, l'avoient
« presque anobli; ils avoient consacré les at-
« teintes au point d'honneur, en voulant les
« graduer ou les prévenir; en outrant la sévé-
« rité des peines, ils avoient manqué le but
« qu'ils vouloient atteindre.

« Le Projet n'a pas dû particulariser une es-
« pèce qui est comprise dans un genre dont il
« donne les caractères.

« Si la mort est le résultat de la défense à une
« irruption inopinée, à une provocation sou-
« daine et à main armée, elle peut, suivant les
« circonstances et la vivacité de l'agression, être
« classée parmi les crimes légitimes ou excusa-
« bles.

« Si le duel a suivi immédiatement des me-
« naces, des jactances, des injures; si les com-
« battants ont pu être entraînés par l'emporte-
« ment de la passion; s'ils ont agi dans l'ébul-

« lition de la colère, ils seront classés parmi
« les meurtriers.

« Mais si les coupables ont médité, projeté,
« arrêté à l'avance cet étrange combat ; si la
« raison a pu se faire entendre, et s'ils ont
« méconnu sa voix, et, au mépris de l'auto-
« rité, cherché, dans une arme homicide, la
« punition qu'ils ne devoient attendre que du
« glaive de la Loi, ils seront des assassins.

« En vain voudroit-on invoquer une conven-
« tion entre les duellistes et la réciprocité des
« chances qu'ils ont voulu courir dans une ac-
« tion, qui, le plus souvent, n'offre de la
« volonté que les apparences ; et comment d'ail-
« leurs chercher un usage légitime de la liberté,
» dans l'horrible alternative de se faire égorger
« ou de donner la mort ? Sans doute, une fausse
« opinion cerne et protége les coupables, elle
« les égare et les excite par une méprise d'idées
« sur la bravoure, l'honneur et la vengeance ;
« et cette fausse opinion parvient peut-être à
« leur persuader qu'il est ignoble d'attendre de
« la marche grave et lente de la justice, la ré-
« paration d'un outrage, et qu'on ne doit por-
« ter aux tribunaux que les contestations qui
« prennent leur source dans des intérêts pécu-
« niaires.

« La Loi ne sauroit transiger avec un aussi
« absurde préjugé, et cependant l'extirpation
« de ce préjugé a, depuis long-temps, échappé
« à la puissance du Législateur. »

« Il ne sauroit donc plus être question, dans
les tribunaux, du crime de duel proprement
dit, ni des Lois anciennes qui s'y rattachoient.
Le duel suivi de mort est un homicide : et c'est
sous ce rapport seul qu'il peut y être envisagé.

« En se circonscrivant dans ce cercle, il est
évident, pour le bon sens, que M. le Duc de
Gramont, en admettant tous les faits tels qu'ils
sont posés par la plainte, ne peut être regardé
comme un complice de l'homicide de M. de
Saint-Morys.

« D'abord, nulle part on ne voit qu'il ait jamais compris ni voulu qu'il y eût un duel à
mort. Ce qu'on y pourroit soupçonner, c'est
qu'il pensoit, desiroit, vouloit que l'honneur du
corps et de l'individu fût lavé par une réparation. « Tout cela ne peut pas finir par une
« feuille de papier, il faut un coup d'épée ou
« de pistolet. » Il y a certes loin de cet avis,
de ce conseil, de cette doctrine militaire, de
cet ordre enfin, si l'on veut, à la complicité
d'un homicide. Tout révèle dans la plainte

même que M. le duc de Gramont n'avoit garde
de rouler une si cruelle pensée. Il n'avoit qu'un
intérêt, l'honneur de son corps. Il ne voyoit
qu'un moyen, le moyen d'usage qui n'est pas
la mort, mais le péril bravé, les armes à la
main. Encore une fois on peut lui reprocher
cette fausse idée. Mais la justice ordonne de ne
pas aggraver la censure au-delà de ses bornes.
Jamais il n'avoit pensé au combat à mort.

« Le Commissaire du Roi, en désignant l'opinion exprimée par M. le duc de Gramont sur
la nécessité d'obtenir une réparation, s'est servi
du mot d'ordre.

« Il doit faire remarquer que cette expression
est impropre.

« D'abord, M. le comte de Saint-Morys n'é-
toit pas sous les ordres de M. le duc de Gramont, puisqu'il n'appartenoit pas à sa compagnie.

« Ensuite, en eût-il été, c'est en vain que
M. le duc de Gramont auroit appuyé son avis
que M. de Saint-Morys devoit obtenir une réparation, de l'interdiction de faire son service
jusque-là. M. le comte de Saint-Morys avoit un
recours contre cette disposition. Elle pouvoit
être infirmée par une volonté plus haute et que

M. le comte de Saint-Morys avoit le droit d'implorer. Si cette disposition lui commandoit un crime ou un acte désavoué par les Lois, il restoit le maître de s'en plaindre; et l'on ne peut, pour lui, dire aujourd'hui qu'il fut déterminé par cet ordre et cette menace, et entraîné dans le parti qu'il a pris. Ce n'est pas dans cette espèce de crainte ou de menace, à laquelle un homme comme M. le comte de Saint-Morys avoit, et par la force de son caractère, et par sa faculté de ne pas s'y conformer à tous risques, puisque la pire alternative étoit de subir un préjudice, et par sa consistance personnelle, d'énergiques moyens de se faire rendre justice, que la Loi va chercher la preuve d'une complicité de meurtre.

« Cette complicité est un être de raison.

« Il ne peut donc servir de prétexte à une instruction qui ne feroit que du scandale, sans jamais mener la justice à un but utile. Tout le monde déplorera le malheur cruel qui a jeté un juste désespoir dans la famille de Saint-Morys. Tout le monde s'associera à ses douleurs légitimes, mais les emportements de la douleur ne sont pas des raisons auprès des tribunaux : et peut-être regrettera-t-on de voir de bons et louables sentiments avoir produit des effets aussi étrangers à leur nature, que ceux d'avoir cherché à déverser de la défaveur sur un illustre personnage qui, quelque opinion qu'on dût prendre de sa rigidité sur le point d'honneur, ne devoit pas s'attendre à se voir rangé par la veuve d'un homme qu'il pleuroit, au nombre de ceux qu'elle appelle les meurtriers de son mari.

« En conséquence, le Commissaire spécial de Sa Majesté requiert qu'il plaise à la Cour des Pairs lui donner acte du dépôt qu'il fait sur le Bureau des plaintes rendues par Mesdames de Saint-Morys contre les meurtriers de leur mari et père et leurs complices, ensemble de l'instruction qui les a précédées et suivies : et, statuant sur ces plaintes, attendu que des faits tels qu'ils sont posés dans les plaintes, il ne résulte contre M. le Duc de Gramont rien qui puisse lui être imputé à crime ou délit, d'où il suit que toute instruction ultérieure seroit inutile et frustratoire, puisqu'en supposant qu'il en sortît une démonstration complète des faits comme ils sont racontés, cette démonstration ne prouveroit aucune culpabilité, dire qu'il n'y a lieu à suivre contre M. le Duc de Gramont, et quant aux autres prévenus, les renvoyer avec le procès devant les juges qui en doivent connoître.

« Fait en notre cabinet au palais de la Cour des Pairs, le 29 janvier 1818. »

Le Conseiller d'État, Procureur-Général de Sa Majesté près la Cour royale de Paris, Commissaire spécial du Roi pour exercer les fonctions du Ministère public près la Cour des Pairs,

Signé BELLART.

Lecture faite du Réquisitoire ci-dessus, M. le Procureur-Général Commissaire du Roi, le dépose, signé de lui, sur le bureau. Il dépose pareillement, après en avoir donné lecture, un second Réquisitoire ainsi conçu :

« A Messieurs les Pairs de France, formés en Cour des Pairs.

« Le Conseiller d'État, Procureur-Général près la Cour royale de Paris, Commissaire de Sa Majesté près la Cour des Pairs, pour y exercer les fonctions du Ministère public sur les plaintes de Mesdames de Saint-Morys contre M. le Duc de Gramont,

« A l'honneur d'exposer que, par requête de

ce jour, Mesdames de Saint-Morys ont requis qu'il plaise à la Cour nommer un Pair instructeur, ou que, dans le cas où elle ne le croiroit pas convenable, il lui plût accorder aux plaignantes délai d'un mois pour produire de nouvelles pièces et de nouvelles charges.

« L'Exposant ne croit pas que cette demande doive rien changer ni aux conclusions portées en son Réquisitoire du 29, ni à la détermination, que par ce Réquisitoire il a eu l'honneur de proposer de prendre.

« Les droits des accusés sont sacrés.

« L'affreuse incertitude que fait planer sur leur position une accusation dont la qualité est si outrageante pour eux, ne sauroit cesser trop vite.

« Sans doute ce n'est point une raison pour que la justice de MM. les Pairs ne prenne pas tous les moyens et n'use pas de tous les délais nécessaires pour parvenir à connoître la vérité.

« Mais si la vérité est tout-à-fait connue;

« Si le système d'accusation ne laisse après lui ni incertitude ni équivoque;

« Si tout ce système en dernière analyse se réduit exclusivement à cette proposition, que M. le Duc de Gramont, M. le Duc de Mouchy, M. le Comte de Poix, sont complices d'un meurtre, résultat d'un duel, uniquement parceque l'avis, l'avis très prononcé de ces militaires a été qu'un militaire ne pouvoit, ni pour son propre honneur ni pour celui de son corps, continuer son service, qu'au préalable il n'eût par toutes voies obtenu la réparation des outrages publics dont il avoit eu le malheur de devenir l'objet;

« Si cette imputation, en la supposant prouvée jusqu'au plus haut degré d'évidence, et de quelque manière qu'on veuille la juger, à part d'un préjugé cruel en morale, en intérét social, en principes religieux, ne peut jamais constituer aux yeux de la conscience et du bon sens ce que les Lois appellent la complicité de meurtre, sur-tout lorsque l'homme à qui on intimoit un tel avis, ou même, si l'on veut, un tel ordre, étoit après tout le maître absolu de n'y pas déférer, soit en quittant le service, soit en recourant à une décision plus élevée que celle de ses officiers;

« Si, dès-là, les pièces qu'annoncent et les délais que demandent Mesdames de Saint-Morys pour corroborer la substance d'une telle accusation, dont la nature peut être jugée dès à présent, sont tout-à-fait inutiles pour former l'opinion de la Cour des Pairs, qui semble pouvoir saisir dès à présent tous les éléments sur lesquels elle doit invariablement reposer;

« Si le sort des accusés ne doit pas être livré aux caprices et aux volontés arbitraires des accusateurs, sans utilité pour la société ou plutôt à son grand dommage;

« Si enfin il importe de faire cesser promptement une accusation respectable, si l'on veut, par l'égarement de légitime douleur qui l'a engendrée, mais qui, en point de fait, n'aboutit qu'à développer des ferments de scandale, des discussions délicates et fâcheuses peut-être pour la morale publique dont on met les principes aux prises avec les notions d'un genre d'honneur qu'il est également difficile d'honorer et de censurer, et enfin des germes de discorde que les plaignantes n'ont sûrement pas voulu développer, mais dont la malignité, contre leurs intentions, peut tirer parti;

« Il devient pressant, l'Exposant ne craint point de le dire, de ne pas entretenir plus long-temps l'opinion publique d'une affaire, dont, dans les nuances qu'on a eu l'imprudence de lui donner, il seroit trop heureux qu'on ne l'eut jamais occupée.

« Le Commissaire de Sa Majesté requiert donc

qu'il plaise à la Cour des Pairs, sans s'arrêter à la demande de Mesdames de Saint-Morys, contenue en leur requête de ce jour, procéder au jugement de la plainte dans l'état où elle se trouve.

« Fait en notre cabinet au palais de la Cour des Pairs, le 31 janvier 1818. »

Signé BELLART.

Avec les deux Réquisitoires qui précédent, M. le Procureur-Général dépose sur le bureau les différentes plaintes rendues par la Dame veuve de Saint-Morys, et toutes les pièces de l'instruction.

Acte de ce dépôt lui est donné au nom de la Chambre par M. le Président, après quoi le Procureur-Général, Commissaire du Roi, se retire.

M. le président observe que les réquisitions écrites de M. le Procureur-Général, dans le cas où elles auroient eu pour objet de donner suite à la plainte rendue par la Dame veuve de Saint-Morys contre M. le Duc de Gramont, auroient pu être adressées personnellement au Chancelier de France, Président de la Chambre, qui, en déférant à ces réquisitions, auroit pu lui-même déléguer un Commissaire pour procéder à l'in-

struction. Cette marche, autorisée par le Code
d'instruction criminelle, auroit, hors le temps
des sessions, l'avantage d'accélérer l'instruction du procès, et de prévenir le dépérissement
des preuves. Aujourd'hui, la Chambre étant en
session, et les conclusions du Procureur général tendant à faire juger qu'il n'y a lieu à
poursuivre, il étoit naturel que l'Assemblée,
qui doit prononcer sur ces conclusions, en prît
une connoissance directe. Sa délibération en
effet se réduit en ce moment à juger s'il y a
lieu, ou non, à poursuivre sur la plainte rendue
contre un de ses Membres. Deux moyens se
présentent pour éclairer son opinion à cet égard :
l'un seroit la nomination d'un ou de plusieurs
Commissaires qui, après avoir examiné les
pièces, en fissent leur Rapport à la Chambre.
L'autre consiste à faire lire les pièces par le
Greffier, et à mettre l'Assemblée par cette lecture à portée d'apprécier les charges qu'elles
contiennent.

Chacun de ces moyens est appuyé par divers
Membres. L'un de ceux qui réclament la lecture
immédiate des pièces, observe que ce moyen a
l'avantage de la célérité. Il mérite à ce titre la
préférence de la Chambre, qui ne peut vouloir
laisser injustement planer sur l'un de ses Mem-

bres l'imputation d'un crime. Ce moyen d'ailleurs, s'il n'éclairoit pas suffisamment la Chambre, permettroit encore l'usage de l'autre.

L'Assemblée arrête qu'il sera fait lecture des pièces.

Un Membre demande qu'avant cette lecture, et pour mettre à l'abri de toute critique le jugement de la Chambre, ceux des Pairs qui seroient parents ou alliés de M. le Duc de Gramont, au degré où les récusations sont admises, soient invités à se retirer.

M. le Président annonce que plusieurs Pairs, à qui ce motif est commun, ont déclaré être dans l'intention de se déporter du jugement.

Un autre Membre estime qu'avant d'autoriser le déport, il convient de fixer les limites dans lesquelles se renfermera cette obligation ou cette faculté. La Chambre pourroit à cet égard adopter les principes des tribunaux ordinaires.

M. le Président observe que la récusation est admise dans les tribunaux contre les frères, beaux-frères, oncles ou neveux de la partie intéressée. Il propose de limiter aux mêmes degrés, dans l'affaire actuelle, l'obligation de s'abstenir.

La Chambre consultée adopte cette proposition.

Plusieurs Membres, parents ou alliés de M. le Duc de Gramont à ce degré, se retirent.

Un Pair demande que sur aucun autre motif on ne puisse se dispenser de prendre part au jugement. Il propose de constater à cet effet, par un appel nominal, le nombre des Membres présents à la séance.

Cette proposition est adoptée.

L'appel nominal, exécuté en conséquence, constate la présence de 138 Pairs ayant voix délibérative.

Suivent les noms desdits Pairs.

MM.	MM.
Le Comte de Clermont-Tonnerre.	Le Prince Duc de Talleyrand.
Le Duc d'Uzès.	Le Duc de Broglie.
Le Duc de La Trémoille.	De Duc de Montmorency.
Le Duc de Chevreuse.	Le Duc de Beaumont.
Le Duc de Brissac.	Le Duc de Croï-d'Havré.
Le Duc de Richelieu.	Le Duc de Lévis.
Le Duc de Luxembourg.	Le Duc de Castries.
Le Duc de Mortemart.	Le Prince Duc de Poix.
Le Duc de Saint-Aignan.	Le Duc de Doudeauville.
Le Duc de Fitz-James.	Le Prince Duc de Chalais.
Le Duc de Duras.	Le Maréchal Duc de Tarente.
Le Duc de La Vauguyon.	
Le Duc de Choiseul.	Le Maréchal Duc de Raguse.
Le Maréchal Duc de Coigny.	Le Maréchal Duc de Reggio.

MM.

Le Comte Abrial.
Le Marquis Barthélemy.
Le Comte de Beauharnois.
Le Comte de Beaumont.
Le Comte Berthollet.
Le Maréchal Marquis de
  Beurnonville.
Le Marquis Barbé de Mar-
  bois.
Le Comte Bourlier.
Le Marquis Chasseloup-
  Laubat.
Le Comte Chollet.
Le Comte Cornet.
Le Comte d'Aboville.
Le Marquis d'Aguesseau.
Le Comte Davous.
Le Comte Demont.
Le Comte de Croix.
Le Comte Dembarrère.
Le Comte Depère.
Le Comte d'Haubersart.
Le Comte Dehedouville.
Le Comte Dupont.
Le Comte Emmery.
Le Marquis de Fontanes.
Le Marquis Garnier.
Le Comte de Gouvion.
Le Comte Herwin de Ne-
  vèle.
Le Marquis de Jaucourt.

MM.

Le Marquis de Laplace.
Le Comte Lemercier.
Le Comte Lenoir - Laro-
  che.
Le Marquis de Maleville.
Le Comte de Monbadon.
Le Marquis de Pastoret.
Le Comte Peré.
Le Comte de Richebourg.
Le Comte de Sainte-Su-
  zanne.
Le Comte de Saint-Vallier.
Le Marquis de Semonville.
Le Maréchal Comte Scru-
  rier.
Le Comte de Tascher.
Le Comte de Villemanzy.
Le Comte Vimar.
Le Marquis Maison.
Le Marquis Dessolle.
Le Marquis de Latour-Mau-
  bourg.
Le Maréchal Duc de Feltre.
Le Maréchal Marquis de
  Viomenil.
Le Marquis d'Harcourt.
Le Marquis de Clermont-
  Gallerande.
Le Comte de Damas.
Le Marquis d'Aligre.
Le Comte d'Autichamp.

MM.

Le Duc d'Avaray.
Le Comte de Boissy-d'An-
glas.
Le Marquis de Boisgelin.
Le Comte de La Bourdon-
naye-Blossac.
Le Marquis de Boissy du
Coudray.
Le Baron Boissel de Mon-
ville.
Le Marquis de Brézé.
Le Comte de Brigode.
Le Marquis de Clermont-
Tonnerre.
Le Duc de Caylus.
Le Comte du Cayla.
Le Comte de Castellane.
Le Comte de Contades.
Le Duc de Crillon.
Le Marquis de Chaban-
nes.
Le Duc de la Châtre.
Le Comte Compans.
Le Comte de Durfort.
Le Vicomte Dambray.
Le Duc de Damas-Crux.
Le Duc de Dalberg.
Le Comte d'Ecquevilly.
Le Marquis de Gontaut Bi-
ron.
Le Marquis de Grave.

MM.

L'Amiral Comte Gan-
theaume.
Le Comte d'Haussonville.
Le Marquis d'Herbouville.
Le Marq. de Lally Tolendal.
Le Marquis de Louvois.
Le Vicomte de Lamoignon.
Le Marquis de Lauriston.
Le Marquis de Mortemart.
Le Marquis de Mathan.
Le Vicomte de Montmo-
rency.
Le Marquis de Mun.
Le Comte du Muy.
Le Marquis de Nicolaï.
Le Comte de Noë.
Le Duc de Narbonne-Pelet.
Le Comte d'Orvilliers.
Le Marquis de Raigecourt.
Le Baron de La Rochefou-
cauld.
Le Marquis de Rougé.
Le Comte Ricard.
Le Comte de La Roche-
Aimon.
Le Comte de Saint-Roman.
Le Comte de Rully.
Le Vicomte Le Peletier
Rosanbo.
Le Comte de Sabran.
Le Comte de Sèze.

MM.	MM.
Le Baron Séguier.	Le Baron Morel de Vindé.
Le Marquis de La Suze.	Le Comte Lynch.
Le Marquis de Vence.	Le Duc de Massa.
Le Marquis de Vibraye.	Le Vicomte Dubouchage.
Le Marquis Olivier de	Et Dambray, Chancelier de
Vérac.	France.

Cet appel terminé, M. le Président fait donner lecture à la Chambre de la plainte additionnelle rendue par la Dame veuve de Saint-Morys, et dans laquelle M. le Duc de Gramont se trouve impliqué.

La discussion s'engage sur cette plainte, et sur le Réquisitoire de M. le Procureur-Général.

Un Membre pense qu'il y a lieu d'adopter les conclusions du Réquisitoire, mais il desire qu'en les adoptant la Chambre ne s'expose pas au reproche d'une précipitation aussi peu convenable à son caractère qu'à la gravité des circonstances. Quand pour l'examen de la moindre affaire elle est dans l'usage de nommer une Commission spéciale, comment ce secours lui paroîtroit-il superflu dans une affaire aussi importante que celle dont elle s'occupe en ce moment? Quelque empressée qu'elle puisse être de rendre justice à l'un de ses Membres, elle doit, pour l'honneur même de cette justice, environner sa délibération de toutes les formes qui peuvent en garantir la sagesse et la maturité. Dans cette vue l'Opinant propose de nommer une Commission spéciale, chargée de faire incessamment son rapport à la Chambre.

Un autre Pair combat cette proposition, en observant que si l'on doit respecter jusque dans son injustice le sentiment qui égare une veuve au désespoir, on doit aussi quelque respect à la situation d'un Pair de France injustement accusé. S'il est démontré à la Chambre que cette accusation ne peut se soutenir, si l'opinion est formée à cet égard, pourquoi différeroit-on de proclamer l'innocence de M. le Duc de Gramont? Or cette opinion est la seule qui puisse résulter de la lecture qu'on vient de faire. Chacun après cette lecture, après l'exposé des faits contenus dans la plainte, et présentés par Madame de Saint-Morys avec toute la gravité qu'ils empruntent de sa douleur, a dû se demander à quel titre, et pour quel crime M. le Duc de Gramont étoit traduit en jugement devant la Cour des Pairs. Une seule pièce, parmi celles qui au nombre de trente-quatre se trouvent analysées dans la plainte, une seule concerne M. le Duc de Gramont : c'est la lettre qui exprime son adhésion au conseil donné par un capitaine des gardes, son collègue. Mais s'il étoit possible de trouver dans cette lettre le sujet d'une accusation criminelle, quel est celui des nobles Pairs qui dût se croire à l'abri d'une pareille accusation? A qui, dans le cours de sa vie, n'est-il pas arrivé d'écrire des choses qui permettroient de l'accuser avec autant de fondement? L'Opinant ajoute que sous ce rapport, les lettres écrites par Madame de Saint-Morys, et qu'elle analyse dans sa plainte, la rendroient elle-même plus accusable que le Duc de Gramont. Il conclut à ce que, sans nommer de Commission, la Chambre statue immédiatement sur le Réquisitoire de M. le Procureur-Général.

Cette conclusion est appuyée par divers Membres. L'un d'eux regarde comme un devoir impérieux pour la Chambre, l'obligation de proclamer la vérité aussitôt qu'elle lui est manifestée avec l'évidence qui sort de la discussion actuelle. Quel avantage pour la morale ou pour la justice dans le délai qu'on propose? A quoi bon nommer des Commissaires, qui ne pourroient que répéter à l'Assemblée les mêmes faits, les mêmes observations qu'elle vient d'entendre? Seroit-elle, après leur Rapport, plus en état qu'aujourd'hui de statuer sur une affaire aussi bizarre dans ses conséquences qu'elle a été déplorable dans son principe? Personne plus que le noble Pair opinant en ce moment n'a connu, estimé, affectionné, l'infortuné comte de St.-Morys; personne plus que lui n'a déploré l'affreux événement qui, en abrégeant sa carrière, a privé la France d'un de ses meilleurs citoyens, le Roi d'un de ses plus dévoués serviteurs. Mais à quel titre cet événement, qu'une suite de fatalités inaccessibles à la prévoyance comme étrangères à la justice humaine semble avoir entraîné, devient-il, à la Chambre des Pairs, le sujet d'un procès criminel? Où donc est le corps du délit? Quel fait le constitue? Quel code l'a prévu? Quelle Loi peut le punir? Ces questions, applicables à l'ensemble du procès et à la généralité des accusés, deviennent encore plus pressantes, quand on les borne à l'imputation particulière dirigée contre le Duc de Gramont. Où trouver dans cette imputation, nous ne dirons pas le motif, mais le prétexte d'une accusation criminelle? A quelle époque, et par quelles lois eût-il jamais été appelé à répondre d'un combat où il n'a été ni partie ni témoin, où sa volonté ne pouvoit rien, et où ses conseils ont égalisé les chances et diminué les périls? Comment, à la suite de cette douloureuse tragédie, son nom a-t-il été prononcé autrement qu'avec la reconnoissance due à ses efforts pour défendre, pour protéger l'honneur, l'état, la vie même de la victime au nom de laquelle on l'accuse aujourd'hui? Si du fond de son tombeau, cette victime d'une malheureuse fatalité pouvoit élever la voix, elle exprimeroit sans doute des sentiments tout contraires à ceux qu'on lui suppose. Elle désavoueroit hautement le langage qu'on lui prête, et l'infortuné mais loyal Comte de Saint-Morys imposeroit silence au ressentiment aveugle, à la douleur égarée de sa veuve et de sa fille. Il est permis de plaindre cet égarement, mais il est nécessaire d'en arrêter les suites. Il est nécessaire de mettre un terme au scandale qu'a déja causé, que multiplie chaque jour, cet étrange procès. La Chambre ne peut trop se hâter d'anéantir une accusation insensée, dont l'éclat impuni compromet la morale publique. Un simple particulier en eût été délivré avec moins d'hésitation que le Duc de Gramont. Qui peut donc s'opposer à sa délivrance? On a parlé de précipitation : la Chambre seroit plus justement accusée de lenteur. Qu'attend - elle en effet, pour proclamer l'innocence d'un de ses Membres, quand la connoissance qu'elle a prise de l'accusation lui en démontre l'absurdité? A quelles formes se croiroit-elle assujettie? Aucune Loi ne lui en prescrit encore de particulières, et celles qu'établit, au titre *des mises en accusa-tion*, le Code d'instruction criminelle ont toutes été observées. Le Ministère public a fait son Rapport, il a signé et déposé ses réquisitions, les pièces ont été lues à la Chambre : que lui reste-t-il à faire, sinon d'exécuter l'article 225 en délibérant *sans désemparer?* L'Opinant in-siste sur l'adoption immédiate des conclusions du Ministère public.

Un autre Membre ajoute, à l'appui de cette Opinion, que la question soumise à la Chambre est trop simple et trop bien éclaircie pour ad-mettre l'intervention proposée d'une Commis-sion spéciale. En quoi consiste cette question? à savoir s'il y a lieu à suivre sur la plainte diri-gée contre le Duc de Gramont. Mais, d'après le Réquisitoire du Procureur-Général, d'après la lecture de la plainte, cette question n'est-elle pas résolue? On pouvoit, avant la lecture des pièces, renvoyer l'affaire à une Commission, qui se fût livrée à l'examen que la Chambre a fait elle-même. Quelle utilité présenteroit cette mesure, après la connoissance directe que la Chambre a cru devoir prendre de l'accusation, et des faits qui la motivent?

On réclame de toutes parts la mise aux voix des conclusions prises par le Ministère public.

M. le Président fait donner à l'Assemblée une nouvelle lecture de ces conclusions. Il annonce ensuite qu'il va prendre les voix, en interrogeant successivement les Membres de la Chambre, appelés dans l'ordre de leur nomination. Chaque Pair appelé répondra, de sa place, *oui* ou *non*, selon qu'il adoptera ou rejetera les conclusions du Ministère public.

L'appel nominal constate la présence des 138 Pairs dénommés au précédent appel.

Tous, interrogés par M. le Président, font une réponse affirmative.

M. le Président, au nom de la Chambre, déclare adoptées à l'unanimité les conclusions du Ministère public, et prononce en conséquence l'Arrêt dont suit la teneur :

ARRÊT DE LA CHAMBRE DES PAIRS,

CONSTITUÉE EN COUR DE JUSTICE.

« La Chambre des Pairs de France, consti-
« tuée en Cour de justice, conformément à
« l'article XXXIV de la Charte constitution-
« nelle,

« Après avoir entendu en son Rapport le
« Commissaire spécial de Sa Majesté, chargé
« des fonctions du Ministère public;

« Vu les plainte et addition de plainte ren-
« dues les 12 septembre et 15 octobre dernier
« par Marie-Anne-Charlotte de Valicourt,
« veuve de Charles-Étienne Bourgevin Vialart,
« Comte de St.-Morys contre Anne-Guillaume
« Michel Barbier Dufay, lesquelles tendent à
« établir contre ledit Barbier Dufay la préven-
« tion d'un homicide volontaire commis sur la
« personne dudit Comte de Saint-Morys, le 21
« juillet précédent; ensemble l'instruction sui-
« vie sur lesdites plainte et addition de plainte
« devant Meslier, juge d'instruction au tribu-
« nal de première instance du département de
« la Seine;

« Vu la plainte additionnelle rendue le 23
« décembre suivant par ladite veuve de Saint-
« Morys contre ledit Barbier Dufay, et aussi
« contre le Duc de Mouchy, le Duc de Gramont
« et le Comte de Poix, lesquels sont présentés
« comme complices dudit homicide volon-
« taire; ensemble les pièces produites à l'ap-
« pui de ladite plainte;

« Vu l'Ordonnance en date du 27 du même
« mois par laquelle ledit juge d'instruction,
« attendu la dignité de Pair dont est revêtu le
« Duc de Gramont, s'est dessaisi de la connois-
« sance de l'affaire;

« Vu la requête présentée à la Chambre des
« Pairs, le 8 de ce mois, par ladite veuve de
« Saint-Morys et par la veuve de Gaudechard sa
« fille, ladite requête tendante à obtenir la no-
« mination d'un Commissaire pour procéder à
« l'instruction;

« Vu l'Ordonnance du Roi en date du 13,
« par laquelle Sa Majesté nomme pour remplir
« les fonctions du Ministère public auprès de
« la Chambre des Pairs, constituée en Cour de
« justice pour connoître de ladite affaire, le
« sieur Bellart son Procureur-Général près la
« Cour royale de Paris, et pour remplir les
« fonctions de Greffier, le sieur Cauchy, Se-
« crétaire Archiviste de la Chambre des Pairs;

« Vu enfin la nouvelle requête présentée ce-
« jourd'hui à la Chambre des Pairs et par la-
« quelle lesdites veuves de Saint-Morys et de
« Gaudechard en persistant dans les conclusions
« de leur précédente requête, demandent sub-
« sidiairement un délai d'un mois pour pro-
« duire de nouvelles pièces et charges;

« Toutes lesdites pièces communiquées au
« Ministère public;

« Vu pareillement les réquisitions écrites et
« signées du Commissaire spécial de Sa Majesté
« en date du 29 janvier courant, et de ce jour;

« Après en avoir délibéré, hors la présence
« dudit Commissaire,

« LA CHAMBRE DES PAIRS,

« Attendu que les faits imputés au Duc de
« Gramont, seul des prévenus qui soit justi-
« ciable de la Chambre des Pairs, ne constitue-
« roient lors même qu'ils seroient prouvés, ni
« crime ni délit, et qu'ainsi toute instruction
« tendante à établir la preuve desdits faits
« seroit inutile ;

« Sans s'arrêter ni avoir égard aux demandes
« formées par les veuves de Saint-Morys et de
« Gaudechard dans leur requête de ce jour,

« DIT qu'il n'y a lieu à suivre contre le Duc
« de Gramont. Renvoie, à l'égard des autres
« prévenus, le procès par devant les juges qui
« doivent en connoître. »

Cet Arrêt prononcé, M. le Président lève
la séance.

Signé DAMBRAY, Président.

CAUCHY, Greffier.

www.ingramcontent.com/pod-product-compliance
Lightning Source LLC
LaVergne TN
LVHW021754170726
843503LV00007B/2876